© 2013 Daniel Arzt, 04129 Leipzig

Wotan im Supermarkt
- Der Lebenden Einer

Daniel Arzt
Leipzig

Peter Lichtgeschwindigkeit
Shambala

E-Mail: <u>darzt02@yahoo.de</u>

© 2013 Daniel Arzt, 04129 Leipzig

Die hohen Berge geben dem Steinbock Zuflucht / und die Felsklüfte dem Klippdachs.

Psalm 104, 18

Weiz themo ouh baz zaweta   ther thia jugund habeta:
Then ginoz firliaf er fram   joh er zi themo grabe quam.

5. Una Maria Magdalena venit ad monumentum

© 2013 Daniel Arzt, 04129 Leipzig

1	**UNIVERSUM**	**1**
1.1	FALLEN	1
1.2	GÖTTIN	1
1.3	SEI HIMMELSLEITER MIR, GESANG	2
1.4	ICH, DAVID, SEHE VOR MIR	2
1.5	ORPHEUS	4
1.6	OH ICH KANN SIE NICHT MEHR ERTRAGEN	4
1.7	SONETT I	5
1.8	SONETT II	6
1.9	CODA III	6
1.10	VIELFACH GESPALTEN	7
1.11	DIE FEDER	7
1.12	FRÜHER FLOGEN VÖGEL UMS HAUS	8
1.13	ICH STEH IM DUNKLEN GESTRÄUCH	9
1.14	ICH, DANIEL ARZT, KOMME AUS	9
1.15	EINE STRAßE KENNE ICH	10
1.16	ICH SCHLAGE MEINE ZÄHNE	10
1.17	FEUERWANZE	11
1.18	SOMMER, DU, EIN ÜBERFALL	12
1.19	LIEBESGEDICHT	13
1.20	I'M ABLE TO LOOK INTO	13
1.21	CONSTRUCTING HISTORY	14
1.22	NICHT MEHR FLIEGT DER BLÄTTER LAUB	14
1.23	MUSENKUß	14
2	**GESELLSCHAFT**	**15**
2.1	WARUM GEHT ES DIR SCHLECHT	15
2.2	DER BESCHLUSS	15
3	**GÖTTER UND GEISTER**	**16**
3.1	GOTTES HOCHZEIT	16

© 2013 Daniel Arzt, 04129 Leipzig

3.2	GOTT IST TOT	17
3.3	WEIß NICHT OB GOTT NOCH LEBT	17
3.4	AUSDRUCK VERLEIHEND DEM DÄMON	17
3.5	TROPFEN SPRINGEN AUF	18
3.6	HÖHERE WESENHEIT	18
3.7	GAIA	19
3.8	DER RÄCHER	20
3.9	LOKI	21
3.10	WIE LANG MAN DOCH VON EINER LEICHE	24

4	**SCHULEN**	**24**
4.1	ZONK	24
4.2	NEONLICHT	25
4.3	ENDE DER KOMMUNE 1990	26
4.4	LIED VOM GUTEN STUDENTEN	27

5	**GRENZEN**	**27**
5.1	DAS BIN ICH NICHT 1998	27
5.2	ABENDLAND - ES GLÜHT UNENDLICH	28
5.3	WINTERFLOCKEN	29

6	**LIEDER**	**30**
6.1	PRINZ CONDLA BALLADE	30
6.2	BORN IN THE GDR	34

7	**ANDERSWELT**	**37**
7.1	PROMETHEUS -	37
7.2	QUEST FOR PARADISE	38
7.3	ACH WORTE	39
7.4	HOLZ	39

© 2013 Daniel Arzt, 04129 Leipzig

8 FRAGMENTE EINES DRAMAS ... 41

- 8.1 RATIONALITÄT IST KEIN FORTSCHRITT ... 41
- 8.2 OH NATUR AN DEINEM BUSEN ... 42
- 8.3 NATUR ... 43
- 8.4 EVA ... 44
- 8.5 INTUITIV, SCHAUENDES, EMPFANGENDES ... 45

9 SAMSARA ... 45

- 9.1 „WER BIN ICH?" ... 45
- 9.2 KLINGE MEINE TRAUERHÖHLE ... 46
- 9.3 DER MENSCH SOLL NICHT LEIDEN - ... 46
- 9.4 ICH MUSS NICHT MEHR BEWEISEN ... 47
- 9.5 DER WAGEN DER KULTUR ... 47
- 9.6 STERNENSTAUB ... 48
- 9.7 TOD AUF DER LANDSTRAßE ... 49
- 9.8 GRÜNE HAUT, GESICHT DER ERDE ... 50
- 9.9 AUTOS ... 51
- 9.10 KUNST HUNGERT ... 52
- 9.11 PARADIES ... 52
- 9.12 AMBITIONEN UND DEPRESSIONEN ... 53
- 9.13 AQUARELL ... 53

10 ZUGABE ... 55

- 10.1 GLADIATOR RISING ... 55

© 2013 Daniel Arzt, 04129 Leipzig

Herstellung und Verlag:
BoD - Books on Demand, Norderstedt
ISBN 978-3-7357-5124-9

1 Universum

1.1 *Fallen*

Das Licht, geboren aus ewigem Schatten
Der Sturz vom Himmel

Er fiel, freier Fall
Fester Boden unter den Füßen
war sein Traum
er stellte sich darauf.

Er fiel, freier Fall

Er sah festen Boden
Entsetzen packte ihn
Ein Schrei
Der Sturz in den Spiegel

Der Himmel sein grausiges Heim

(ca. 1994)

1.2 *Göttin*

Ich habe die Göttin schreiten gesehn
Wie leicht sie hin- und herwiegt
ihr Gesäß. Eine Frau mit Beinen
gleich Türmen aus Elfenbein, obgleich
verhüllt von Stoffen, doch göttlich
Sie fährt sich mit der Hand durchs Haar
Das rot wie Blut und Liebe

Tändelnd schaut sie hier und dort
Wiegend schreitet sie weiter fort.

1.3 Sei Himmelsleiter mir, Gesang

LISTEN TO THE MUSIC
THAT'S PLAYING IN YOUR HEAD
Sei Himmelsleiter mir, Gesang
Und einst,
wenn längst ich nicht mehr bin
dann wird sein
die Welt nichts als himmlischer Gesang
der Gesang
der ewige, fliehende
löst die Fesseln von allem
erdige Form, zersprengt
Rhythmen, Bässe, Tänze
Sprengen, freien, töten
Spur, unauslöschliche
Ziehe, klinge, klinge
Uns zu dir hinan
Wenn einst wir schweben
Abgefallen das Erdige
- doch die Musik spielt weiter
schön wie nie
Ergötzen den Geistern
Verzückung der Larven, nur Schatten
KOT LIEGT IN DER LUFT

1.4 Ich, David, sehe vor mir

Ich, David, sehe vor mir
Schwer bewaffnet das Ungeheuer
Hervorgetreten aus der Schar
Unserer Feinde
Dreifach so hoch wie ich
Böse Blicke werf ich auf ihn
Er stampft und brüllt
Scharrt im Staub mit dem Fuß
Wie ein wütendes Pferd
Vor dem Ritt zur Schlacht.
Ich, ausgerüstet mit den besten Wünschen
Unserer Krieger
Schleiche auf dem Schlachtfeld hin und wider
Wo ist ein Ausweg
Wo der Weg zum Sieg ?

Zitternd spielen meine Hände mit Steinchen
Während ich grüble
Im Angesicht der Niederlage, drohend
Wird mein Kopf klar und leer.
Was hab ich in der Hand
DIE LÖSUNG
Mit Freuden seh ich meinen Mut steigen
AUF INS LETZTE GEFECHT
Er wälzt sich zu mir und lacht
Ob meiner Größe
Wütend werf ich den ersten
Der zweite trifft
    noch lacht er
Mein Kopf zerschossen von Gedanken
So schieß ich stärker
     auf ihn
Er hebt sein Schwert
     ich laufe

traf schon zehnmal
                was bist du? Hydra?
ich werfe und werfe
                und treffe und treffe
Die Zeit schwimmt
                ich kenne mich nicht mehr
Werfe werfe und
                er fällt. Das Monster
Tot. Hölle
                schließe deine Pforten.
Ich komm später nach
                schallt mein Gelächter.
DER RAUSCH DES SIEGES

(15.6.1999)

1.5 ORPHEUS

Die Brutalität
Der schon von früher Kindheit an
Permanent konsumierten
Fertigmusik
Möglichst laut
EKEL HASS
Wir können uns
Dir nicht entziehen
DAS OHR HAT KEINE OHRENLIDER
ORPHEUS

1.6 Oh ich kann sie nicht mehr ertragen

Oh ich kann sie nicht mehr ertragen
Kanonenschlägen gleich schießt Bild für Bild
Aus den Schirmen. Was bleibt in den Köpfen?

Zerstörung nur. Sich häufend zur Trümmerflut
Schwemmen alles sie hinweg.
Denke nach, hab einen Gedanken, nichts nützt's,
gleich schwemmt sie ihn weg.
Nichts hält sie auf, die Dämme brechen.
Bilder, Bilder – doch die Welt sieht anders aus.
Doch wie?

Musik hörn sie den ganzen Tag.
Zum Denken bleibt da keine Zeit.
Im Bildschirm sieht man, was man hören muss,
wie man sich kleidet, was man denkt.
Ach, ich will nicht sein wie sie.
Nein, ich kann es nicht.
Sie sollen mir gestohlen bleiben.

1.7 Sonett I

Warum, warum erschauerst du bei Nacht?
Der Wind fasst dich mit kalter Hand, der Mond
ergießt sein weißes Licht, noch ungewohnt
- du starr - er hat den Tod dir mitgebracht.

So grau! Ich sehe meinen Körper tot
Mein Auge über, neben mir, die Leiche
liegt kalt und alt, da Knochen, das Weiche
voll Maden, endlich jenseits Sorg und Not.

Auf heißer Stirn verdampft der Schweiß, ich brenn
zu sehn die Dimension, die ich nicht kenn
Gesagt, getan, ich fliege auf, der Magen

Flau, so tanz ich wirklich mit den Sternen

mich krönen Geister, hier, in schwarzen Fernen
Und komm bald nach! Weil Worte hier versagen.

(27.5.1999)

1.8   Sonett II

Zwar aß ich keines Apfels Kern, jedoch
Im Zwielicht flimmern Schatten, Schlag auf Schlag
Schießt dunkles Blut in mein Gehirn, ich jag
die Alpgespenster fort durch's kleinste Loch.

Du sendest mir Dein weißes Licht, Du Große!
Du lächelst, Deine Schenkel weit gespreizt
Wir schmelzen, zeugen, Du gebierst, Du geizt
mit Deiner Gunst nicht, rote Liebesrose.

Oh Schreck! Was wirft uns um die Perspektive
Nun seh' ich Knochen in Deines Fleisches Tiefe
Die Bilder schwanken hin und her, in eins

So kann ich Dich, die Leben nimmt, nicht hassen.
Wo einer gibt, da muss ein andrer lassen.
Oh Göttin! Tod und Leben zwei, nun eins.

1.9   Coda III

So leb ich noch? Ich soll der Ruhe trau'n?
Wo warst Du eben, Atem und Blut zugleich
sie peitschten zurück ins Leben das zuckende Fleisch
In 'n Schlaf mich streichelt meines Bettes Flaum.

(29.5.1999)

1.10 Vielfach gespalten

Ich bin Ich und Nicht-Ich
Und Nicht-nicht-Ich und
    Nicht-nicht-nicht-Ich
    Und noch viele andere mehr
Vielfach gespalten
Und jeder von uns
Hat seine eigne Erinnerung
Manchmal hab ich eine
Manchmal nicht, manchmal eine andre
Viele, unausschöpflich
Das alles in einem Leben
Von 21 Jahren
Frag ich mich manchmal
Ob man das aufschreiben kann?
Ich brauche immer gewisse Dinge
Einen Anstoß, ganz zufällig
Eine Madeleine oder eine Stimmung
Und plötzlich weiß ich
Was 10 Jahre ich nicht wusste
Jede Situation ein eigenes Ich
Chaotisches Leben
Mit dem irren Haufen.

1.11 Die Feder

Das Schweigen zu brechen, zu sprechen,
entringen sich Worte der Feder.
Aus tiefen Gründen - stinkend, dunkel,
Schicksal winkend - gerinnen erstarrend

auf dem Papier.
Von innen nach außen,
dringen Schreie aus beengter Brust.
Von außen nach innen
hallt das Echo zurück.
Schreibend begreifen, erobern das Ziel
Poet wird wer nachdenkt, wer denkt zuviel?
Beschreibt er sich, beschreibt er die Welt
Schreibt er, was viele denken, schreibt er für Geld?
Beredte Zeilen, schreiben sich fort
Schweigen kommt wieder, zwischen das Wort.

(Ende 1997)

1.12 Früher flogen Vögel ums Haus

Früher flogen Vögel ums Haus.
Wachend lag das Kind im Bett.
Ihr Gezwitscher schläfert es ein.
Kreisend zog der Schwarm seine Runde.

Heute gibt es sie nicht mehr.
Flogen ins warme Afrika.
Auf der Antenne des Nachbarhauses
Rasteten sie.

Lieg heute ich lauschend im Bette,
hilft kein süßes Gezwitscher mir mehr,
den Tag zu vergessen.
Autos grollen die ganze Nacht,
und machen die Nacht zum Tag.
Ruhe – gibt es nicht mehr.

Geschrieben im Sommer 1998

1.13 Ich steh im dunklen Gesträuch

Ich steh im dunklen Gesträuch
Der Wind umweht mein Gesicht
Der Mond auf jener Pappkulisse
An Seilen über den Himmel gedreht,
Da auch die kleinen Löcher im Vorhang
Durchstrahlt schattenhaft der Abglanz
Des ewigen Lichts.
So kurbeln sie jeden Tag,
die Planeten sind extra,
es gibt auch Kometen und Sternschnuppen,
das Holzgerüst, der Thespiskarren,
zu täuschen in Perfektion,
Dem Publikum scheint's zu gefallen.

So küss ich mein Mädchen
Hier liegend unterm Baum.
Nicht gefällt's ihr, im Schmutz zu sitzen,
aber schau: „Der viele Aufwand von Sternen
nur für uns, wir müssen hier bleiben."
Und so geschah's.

[6.6.1999]

1.14 Ich, Daniel Arzt, komme aus

Ich, Daniel Arzt, komme aus
Den kalten Bergen
Der Weg hierher war beschwerlich
Doch steh ich jetzt

In der Ebene

Mit Kanonen schieß ich
Zurück auf die Berge
Sie zermalmend zu Staub
Bis flach wie die Ebene sie

Manchmal dreh ich mich um
Und schaue vorwärts
Da seh' ich Nebel: Träumend immer
Sich hin zum andern, dem Ungeschaffnen
Lässt sich im Hier angenehm leben.

1.15 Eine Straße kenne ich

Eine Straße kenne ich
die ging ich lang und weit
immer diese Straße
doch die Straße endet
mitten auf dem Feld
diese Straße verbindet keine zwei Orte
führt nicht von A nach B
Und doch muss ich noch weiter
ich gehe übers Feld

1.16 Ich schlage meine Zähne

Ich schlage meine Zähne
in Deinen Hals
Strom des Lebens
fließe durch meine Adern
ganz koste ich dich aus, Leben
Geschmack wie Erde und Blut
Fließe und schlage

reiße mich fort
ich komme bald

Bitter schmecktest Du
schon frühe, Leben
deine Tiefen sah ich
heilig geweiht, der dunkle
Strom durchzittert, wieder
und wieder mich
Dein Tempel, weise verschlossen
vor den Blicken zumeist
namenloses Grauen

Ruhe bemeistert sich
meiner Brust, Dauer gewährend
Doch oft sitz ich
träumend
von dunkler Gefahr
zurück mich sehnend
an deinen Busen
Natur

(Ende November/ Dezember 1998)

1.17 *Feuerwanze*

Ich saß im Gras,
die Sonne schien,
da klettert ein Käfer
auf meine Hand.

Feuerwanze Feuerwanze
dein Rock schwarz-rot
wanderst possierlich

über den Finger-Berg.

Solch Leben,
ein Wesen, ist mehr
als Worte und Wissen,
und früher da.

Wer gibt uns Gefühl
für solches Sein
und Werden? Jahrtausende -
die Schuppen auf unseren Augen.

(29.5.1999)

1.18 *Sommer, du, ein Überfall*

Sommer, Du, ein Überfall
Von Gerüchen, Farben, Körpern
Du packst mich mit deiner
Zärtlichen Faust,
ich spür, Du bist soviel größer
Du hast mich wieder glücklich gemacht
Ich sitze im Schatten und döse.

So lange herrscht der Winter ja
Im mittleren Europa.
Alles bringst Du zum Tanzen
- vergaß schon
was „Winter" gewesen.

Ich wünschte, so könnt es ewig sein,
um mich das Käfersummen,
Insekten jucken auf der Haut,
und ich muss vor Jubel verstummen.

[30.5.1999]

1.19 Liebesgedicht

Blondes Haar, blaue Augen, zarte Gestalt
- wie aus dem Bilderbuch -
älter als ich ein paar Jahre
so liebte ich Dich

Wir sah'n uns in die Augen verliebt
lächelten
sprachen miteinander
rauchten Zigaretten
und tranken
unser Sternenhimmel war aus Beton
ein Gang im Studentenwohnheim

Wenn wir uns sahen
wusste jeder vom andern
wir sprachen
ich sah Dich
und der graue Wolkenkitt zerriss
wenn wir uns nah waren
waren wir fern

Und der Sturm
trennte die Blätter
von einem Stamm

1.20 I'm able to look into

I'm able to look into
The Future but not the
Paper, on that I'm writing
God kill the glasses
Between the world and me
An intellectual
The second time the glasses
Lie in my hand to read
What I wrote
I foresee the third time

1.21 Constructing history

Constructing history
from Photos
look into yourself
what do you see
nothing

1.22 Nicht mehr fliegt der Blätter Laub

Nicht mehr fliegt der Blätter Laub
Nurmehr grauer Straßenstaub
In perfekt gemessner Stadt
die Gassen, die Gesichter matt

1.23 Musenkuß

Stumm war ich von Leid.
Doch gestern hat mich die Muse geküsst.

Sie spendet Lieder vom Leiden.
Opfer fordert sie, keine geringen,
doch ihr Kuss hat mich erwählt.

2 Gesellschaft

2.1 *Warum geht es dir schlecht*

Warum geht es Dir schlecht
Die Wirtschaft leidet
nicht Du
der Dax fällt, meine Stimmung steigt
ich lache
bin arbeitslos und freue mich
der Tretmühle entkommen zu sein.

THINK NEGATIVE
Verlierer dieser Welt

Ich sitze oben auf dem Weltenball
Mond und Sterne kreisen
Hell dunkel dunkel hell

VORAN VORAN
Verbrennt das Kapital
den Fetisch
Auf seinem Scheiterhaufen

2.2 *Der Beschluss*

Sie fordern Menschenrechte irgendwo
Während die Geldsklaven hier getreten werden
Auch der Geldsklave

Abends daheim
REGENERATION FUER EINEN NEUEN
ARBEITSTAG
ZEIG ENGAGEMENT MANN
Ist entrüstet über soviel
Unrecht in der Welt
Von der Mattscheibe springt's
in seine gute Stube
DER NEUE CIRCUS MAXIMUS
und er beschließt
›DIE BRAUCHEN BOMBEN DA UNTEN‹

19.6.1999

3   Götter und Geister

3.1   GOTTES HOCHZEIT

Groß war Gott im Himmel
Herrschte weise lange Zeit
über Mensch, Tier, Pflanze und Totes.
Nur einmal vermählte er
sich mit Erde, Erdenstoff
als er die Schöpfung formte.
Doch bis heute lebt er
- soweit bekannt - ohne
ein liebendes Weib.

Aus allen drei Ebenen der Schöpfung
reisten Gäste - herrlich geputzt -
hierher an. Die Hochzeits-

glocken klingen lieblich

3.2 *Gott ist tot*

Gott ist tot.
Doch wo sind die Götter?
Kehrt ihr zurück?
Im Fluss schwimmt ein Arm, ein Bein,
eine Hand, ein Kopf.
Wer fischen will der geht
und holt sich seinen Teil.
Der Rauch steigt auf
Fürs Götterteil
Und morgen für ein andres.
OH DIONYSOS
SCHLÄCHTER UND GESCHLACHTETER

3.3 *Weiß nicht ob Gott noch lebt*

Weiß nicht ob Gott noch lebt
Der Gott in mir, mein Dämon
lebt, ich spür es immerfort

3.4 *Ausdruck verleihend dem Dämon*

Ausdruck verleihend dem Dämon
Verfüg über mein Fleisch, Dein Material
Zersprengt das eine in Vielfalt
Das viele fügt sich zu Eins

11.7.1999

3.5 Tropfen springen auf

Tropfen springen auf
Zu Nebelschauern
Kaskaden von Farben
Auf meiner Haut
Der Teufel tanzt im Himmel

3.6 Höhere Wesenheit

Gestern auf dem Heimweg, ich weiß nicht wie,
umfing mich - ich war schon fast zu Hause
angelangt –
eine seltsame Finsternis.
Versuche, mich der folgenden drei Stunden zu
erinnern, sind bis heute leider gänzlich
fehlgeschlagen.
Schnee fiel, es war kalt
Jene Taubheit, die schon früher meines Geistes
Erbteil war, bemächtigte sich nun vollkommen
meiner Sinne, und nun sah ich:
Geister aus fremden Sphären
Wesen, vorauswissend meine Zukunft
Mütterliche Führer
Beschützer, Berater
Bei alldem glaubte ich zu träumen, weil
unwirklicher Flimmer und Glitzer um mich war.
Ich verlor mich zwischen Streifen
glaubte zu folgen holden Jungfrauen
unwirklich allwissenden Führern
Zwergen, Hexen, Helden
Ich rutschte, schlug den Kopf, fiel
- Und war wieder bei mir -

Nur der Kopf blutete noch.

(Ende 1997)

3.7 *Gaia*

Priesterhain des Waldes

> Oh Mutter Natur!
> Wie liegst Du geschändet von
> neuen Geschlechtern.
> Keiner kennt noch achtet Deiner
> mehr.
> Sie bauen Fabriken des Todes.
> Statt Vogelsang
> lässt Motorenlärm die Luft
> erzittern.
> Göttin Mond, Deine Ruhe
> versucht das Erdgewürm zu
> besiegen.
> Fricka, Holle nannten sie Dich
> ehedem.
> Du spendest die Kraft des Lebens,
> lässt Tiere und Pflanzen, groß und
> klein,
> wachsen und vergehen.
> Oh was wären wir ohne Dich!
> Du streutest freigiebig
> den Atem des Lebens,
> beseeltest Baum und Stein.
> Und war der Kreis des Lebens
> ausgemessen dereinst

Sammeltest Du und Wotan, der Vater,
mit Eurem Gefolge,
in wilder Jagd der Nacht,
die Seelen und brachtet sie heim.

Damals war das Himmelszelt
Noch unversehrt.
Der Gott ohne Frau kam.
Erschuf die Welt aus sich.

Unrast   Der Theorie-Teufel, Mannes-

3.8 Der Rächer

Ich, Euer Sohn,
Früher bei den Menschen
    Donner genannt,
Zog ich gen Osten, mit Riesen zu kämpfen,
    um Asgard zu schützen.
Gürtel, Eisenhand und Miöllnir
Zu Hilfe hatt' ich stets.

Nun muss als Mensch ich
Unter dies widerliche Zwergenvolk
Mich mischen, dies kleinliche Geschmeiß,
das der Götter Übermut   unbedacht zerquetscht.

Fricke im Zorn   straft verheerend
Der Sohn ich   Tribut fordernd für sie
Bin hier, das Heiligtum, die alte Ordnung
    Für alle Zeiten wieder aufzurichten

Unterm Menschenvolk.

3.9 Loki
(Nach Georges Dumézil DI 214, Daidalos 151)

Ich, Loki, Gott der Sonne,
bin flackerndes Feuer, das hitzt und verzehrt,
vergänglich wie wehender Wind
geachtet und gefürchtet zugleich
entkam ich den Schlingen, verbrennt die Welt
meine Intelligenz brennt heiß und hell
schließt kausal und analog
mein Geist ist produktiv ich nutze ihn
das Stroh für meine Feuer geht nie aus
ständig fließt die Quelle meiner Intuition
Intuition ist stets ambivalent
mal boshaft drollig mal ernst und scharf
tief reichen die Wurzeln der Ambivalenz
meine Einfälle erhalten, zerstören andermal
wach und wechselnd ist des Menschen Geist
der Bau vollendet mit Mühe ruft nach Zerstörung
die Dinge wecken Neugier und Begeisterung
Beginnen ist leicht Beenden schwer
verdamm ich was ich eben begann
und fang was neues an
auch Faust war Forscher
der Apfel der Erkenntnis glänzt rot schmeckt süß
Geist kennt keine Grenzen
nichts gilt mir der Forscher-Ruhm
viel reizender lockt das Verbotne
das keiner kennt

(Loki 2)

Übereinkunft, angeborne Skrupel und Intelligenz
verweisen euch des Geheimen, Unbetretbaren
ich trete ein
Loki bin ich instabil und nutze nieß
bin Opfer meiner Neugier koste den Augenblick
selten denk ich über Nützlichkeit
seh' Folgen meines Handelns nicht
schnell und fiebrig, fängt mich das Bild
den Schmetterling seh' ich nicht die Bahn
schaue nicht in den Spiegel
Spieler, Leichtsinn ohnbesonnen
mehr glänzt das Jetzt
als kleine Münzen der Beständigkeit
brillant heute
verdirbt der Gedanke Morgen
Bin ich nicht der Schöpfer einer Mannigfaltigkeit
von Ideen, die Verbindung zur Gemeinschaft
nützlich macht?
Wie oft half ich den Göttern
aus der Klemme
die wabernde Lohe?
Nicht lange hilft mein Einfall oft
aus größrer Not rufen sie mich wieder an
Ich diene den Göttern
doch Redlichkeit nicht mein Geschäft
denn sie behandeln mich zu schlecht
nicht lange bleibt dies ungerächt
Mit Launen Streichen plag ich sie

(Loki 3)

Die Götter sollen mich achten

so acht ich sie ein Glied der Ordnung
wirble auf mit Phantasie
bin Leben
zusammen arbeiten wir fruchtbar
nie ohne Gefahr das Ende glücklich
unersetzlich jedenfalls
toll ich allein auf weiter Flur mir selbst genug
dien ich der Gemeinheit so
da bebt die Ordnung der Skandal nicht weit
geworfen in das Bett der Lüge
liebe ich das Schöpfer- das Spielertum
bin schnell und eile
zu zerstören was ich grad gebaut
was gilt mir Beständig- Ewig- Festigkeit
bedeutungsleer mir
erkennt der Ernst das Wahre
Loki lügt zu zeigen
die Hoheit übers Mittelmaß, zu nutzen sie
Lüge wird Gewohnheit rein
Lügen um zu Lügen
eitel bin ich und verwundbar
plaudre über mich und andre
Schweigen ist Silber Reden ist Gold
flüchtig, ohne Abstand perspektivlos
nichts hält mich kann ich dar- hervor- mich tun
wissend schwatz ich ohne Schweigen
dauernd verschieß ich Raketen des Wissens
sammeln müsst ich für eine große
die schüf Respekt ich machte Karriere
extrovertiert nennt mich Jung
meine Intelligenz ist impulsiv

3.10 Wie lang man doch von einer Leiche

Wie lang man doch von einer Leiche
      zehren kann:
vor 1400 Jahren starb die Kultur
      unserer Urväter
Doch der Verzehr des Fleisches
      spendet noch Kraft

Klinisch rein, synthetisch parfümiert
Ich schmeck das Leichengift durch

4 Schulen

4.1 Zonk

Düfte steigen wirbelnd zu der Gottheit auf
Seit Altern Feuer wieder, unbekannt für wen.
Im Frühjahr, vor dem Schulgebäud'
blutrot die Sonne, Auto um Auto vor dem Haus
Schüler sich sammelnd bei Schule der Weisheit.
Leer das Haus und heiter der Abend.

Kletternd über den Zaun, errichtet das Lager von Zelten.
Zwölf Jahre kurzen Lebens enden heut.
Hart drückt der Lehrerungeist
Schwer, starr, unbeweglich noch immer.

Doch ersteht inmitten jenes Wunderrad
und um und um und immer schneller
beginnt es seinen ersehnten Lauf.

Glatte Gesichter zeigen Male, Schatten
huschen hin und her. Wind hebt an
Bäume wanken, Häuser schwanken.
Schwarz gewandet Oberpriester, der Fahne
Zeichen zeigen sich. Ungeist-Teufel rot
gezonkt, ethisch-russisch Stundendiebin.
Der Zonk gequält wie er einst uns,
Schlag um Schlag am Kreuze fest.[1]

(September/Oktober 1997)

4.2 *Neonlicht*

Neonlicht
In Mensa
Fleischtöpfe Ägyptens
Flackert gelbe Übelkeit
Ihr Studenten
Interessiert mich nicht
Ennui und lange Weile ennui
Ich bin so wenig engagiert
„Nun zeig doch mal Einsatz
Welcher Arbeitgeber nimmt Dich sonst?"
Nicht arbeiten will ich
Nur Geld
Wolkenverhangen der Himmel
Wer gibt mir eine Mark?

---

[1] Eine Lehrerin an unserer Schule erhielt den Spitznamen „Zonk", und in jeder ihrer Unterrichtsstunden saß auf der Bank eines Schülers die zugehörige Plüschfigur. Die betroffene Lehrerin kannte ihren Spitznamen nicht und verstand demzufolge auch nicht den tieferen Sinn dieser Figur auf der Bank. In jener Zeit war der Zonk mit allen negativen Beiklängen gerade durch die zugehörige Fernsehshow populär.

HASS MA NE MARK?
Portemonnaie zu Hause
Nicht für Verse
Wer liest heutzutage schon Gedichte?

Oh Ihr vorschnellen Interpreten
Ihr kennt die Bedeutung vor dem Lesen
Und ich will kotzen
Scheiße

Refugium Bibliothek
Scheiße Scheiße warum so uninteressant?
18.6.1999

4.3 Ende der Kommune 1990

Ahnungslose Manager
Schieben Millionen
Wollen Rechenschaft
›Wir haben die Macht‹
Geistiger Horizont nicht vorhanden

›Wie teuer is'n das im Jahr?‹[2]
›Gar nichts.‹ ›Gar nichts?‹
›Komm. S geht weiter.‹

---

[2] Die Frage bezieht sich auf die Höhe des Jahresbeitrages für die Mitgliedschaft in der UB. Das genannte Gespräch wurde belauscht, als eine Abordnung von anscheinend wichtigen Menschen einen Rundgang durch die neu hergerichtete Hauptbibliothek der Universität Leipzig vornahmen.

4.4 Lied vom guten Studenten

Der Gedankenknast Universität
Wissen als Schlagetot
Kultur keine
Das Endprodukt zweitausend-
jähriger Zivilisation

Der Tempel ein Moloch
Würd' von mir verehrt
Fräß' er nicht meine besten
Stunden der Jugend. Was gibt er?

- „Oh, ein Besserwisser, er widerspricht
  Definitionen, Begriffe genügen ihm nicht?"

(ca. Oktober 1998)

5 Grenzen

5.1 Das bin ich nicht 1998

Saufen vor der Mitternacht
get freaky sagt das Abendland
vergiss was du gewusst sonst stirb
der Tod sucht dich - bevor du ihn
Das Weib - das Weib
was ist's am Tag
ein heiter irrig Hirngespinst
und doch - und doch - Du sehnst unendlich
Dich nach ihren Fernen hin;
Du möchtest auf dem Ruhbett liegen
hingegeben an das All

kein Morgen dämmert morgen wieder
nur Du - nur Du - auf ewig hin;
möchtest ihre Nähe spüren
morgen rafft es Dich dahin!!
Und unendlich greifen Wolken wieder
wie Nebelschauer Dich dahin -
doch Du liegst entzückt unendlich --
wie kämest Du dahin -
die Nebelschauer greifen Engel nieder -
doch Du bist dahin - dahin
greife nieder was ich sage
auf den niederen Akkord
doch das Abendland: „Ich strafe
was mir nicht sagt sofort sofort"
Denn Du stehst und hältst die Waffe
heiter leidend stolz dahin!
Die alten Götter - Räuber - Räuber
an dem heilig eignen Blut
rauben von dem alten Gut
und du sagst die hergebrachten -
sind die Ursach' meiner Wut!!

Und so heißt es ewig weiter -
doch die Dinge steh'n nie stille
töte - töte - oder schweige -
nie mehr rafft es dich dahin!

9.12.1999

5.2 *Abendland - es glüht unendlich*

Abendland - es glüht unendlich
rot die Sonne überm Horizont!

Denn bevor die Urgedinge
und die schöne alte Zeit
greifen in dem Kopf Platz endlich
braucht es nun schon ein'ge Zeit!
Denn die Jugend - ach was ist dies -
nichts als heiter Hirngespinst
s'ist ein heitrer Nebelschwaden
nichts davor und nichts dahinst!
Ach! ich hofft' Du stopfst die Kehle;
Nein! Du wallst und wallst dahin!
Ach nun schweig ich möchte schlafen
Dämon bin ich denn Dein Kind

9.12.1998

5.3 *Winterflocken*

Winterflocken rieseln nieder
auf den heil'gen Erdengrund
und ich saug die heil'gen Lieder
ab von rotem Erdbeer-Mund!
Still und heilig was ich sehe
gut verborgen überdauern -
in der weißen Schneehewehe
von den eingestürzten Mauern
niemand - niemand - wehe - wehe
was mir bleibt ist Grund zum Trauern
denn heute schmolz der Schnee dahin
und das Kinn das schlug ich blutig
gleich dem ferneweil'nden Dschinn!
Gedichte - haltet ein mit eurem Fluss
ich hoff mich bringt zur Ruh ein Kuss!!

9.12.1998

6 Lieder

6.1 *Prinz Condla Ballade*

Hier seht ihr Tara, die Bastion
Dorthinten auf Uisneach Vater und Sohn
Hundertfach siegreich steht Conn da
Und nahe bei ihm der Rote Condla.

Es erscheint ein Weib in reichem Gewand
Dem Prinzen gehen die Augen auf
„Woher kommst du, aus welchem Land?"
Spricht er, und sie sagt: „Ich komme aus

Den Landen der Lebenden, wo weder Sünd
Noch Tod man find't. Herrlich sind
Die Speisen, doch ohne Müh ein Gelag
Feiern wir streitlos Tag für Tag.

Doch willst du dorthin dann komm und sieh
Das friedvolle Volk der Sidh."[3]
„Sag Sohn, mit wem sprichst du da?"
Fragt Vater, welcher die Fee nicht sah.

„Er spricht mit adelig-schönem Weib
weder Alter noch Tod droht ihrem Leib.

Ich liebe Connla den Roten
Ich rufe ihn nach dem wonnigen Gefilde

---

[3] gesprochen Schi

In dem König Buadhach[4] ewig herrschet,
Ein König, dessen Land weder Klage noch Weh kennt,
Seit er die Herrschaft angetreten.

Komm mit mir, Connla,
Du, dessen Nacken wie Milch und Blut, Du mit dem Flammengelock!
Die goldblonde Krone, die über Deinem rosigen Antlitz schimmert,
Sie wird das Zeichen Deiner Königswürde sein.
Wenn Du mir folgst, so wird die Jugendfrische und Schönheit Deiner Gestalt
Bis in Ewigkeit niemals dahinwelken."

Niemand sah, doch alles stand
Von dem gehörten wie gebannt.
Den Spuk zu enden, darauf sann
Conn, er rief den Druiden Corann.

„Ich bitte Dich, Corann, Sangeskundiger, Künstereicher!
Schwere Not ist über mich gekommen, gegen die mein
      Wissen und meine Macht nichts vermögen.
Seit ich die Herrschaft ergriffen, hatte ich keinen
      so schweren Kampf auszufechten wie diesen.
Ohnmächtig bin ich im Kampfe gegen jene unsichtbare Gestalt,
die mich bedrängt, um meinen schönen Sohn durch

---

[4] sprich Buädäch

zauberische Künste mir zu rauben;
Weibersprüche sind es, die ihn von meiner königlichen
        Rechten hinweglocken wollen."

Anhob des Druiden Zauberlied
Zu betäuben die Ohr'n gegen Feen Weise
Einen Apfel warf sie, bevor sie schied
Dem Connla zu zur Speise.

Nun blieb der Prinz ohn' Speis und Trank
Einen ganzen Monat lang,
Nahm nur vom Apfel seine Bissen,
doch der blieb ganz, müsst ihr wissen.

Es ergriff die Sehnsucht ihn
Dort zur Frau der Träume hin
Des Monats Tage sind gezählt
Connla steht im Archomain[5] Feld

An seines Vaters Seite: „Da, schau,
sie kommet wieder diese Frau."
Und zum Prinzen sprach sie so:
„Auf kläglichem Sitze thront Connla
Unter sterblichen und Vergänglichen
In Erwartung grausigen Todes.
Die ewiglich Lebenden laden Dich ein!
Bald rufen Dich die Mannen des Teathra[6]
Die dich täglich unter Deinen lieben Verwandten erschauen
In den Versammlungen deines Vaterlandes."

---

[5] Gesprochen är Chomin
[6] Gesprochen Tjärä

Sobald Conn die Stimme des Weibes vernahm,
sprach er zu seinen Leuten:
„Ruft mir den Druiden herbei,
denn ich seh, dass ihr die Zunge heut wieder gelöst."

Da sang die Frau:
„Oh Conn, Hundertkämpfer!
Des Druiden Kunst sollst Du nicht lieben!
Denn es währt nicht mehr lange,
So betritt, um Gericht zu halten, unseren weiten Strand
Ein Gerechter mit zahlreichen herrlichen Begleitern.
Bald wird Dich sein Gesetz erreichen,
Das der Druiden Zaubersprüche und ihre ruchlosen Lehren
Vor den Augen des Teufels, des schwarzen Zauberers,
      zunichte macht."

Verstopft war fortan Condlas Mund
Kaum das das Weib vor ihm erstund.
„Geht dir zu Herzen", fragte Conn,
„Was dieses Weib vor dir ersonn?"

„Ich weiß nicht recht", sprach Connla,
„Ich liebe die Meinigen über alles,
aber die Sehnsucht nach jenem Weibe
lässt mir keine Ruhe."

Da sang die Frau:
„Du kämpfst – vergeblichstes Bemühen! –
Gegen die Woge Deiner Sehnsucht, die Dich fort

Von den Deinen treibt
Mit mir in meinem kristallenen Schiffe
Zum Sidh des Buadhach zu fahren.

Ich weiß noch ein andres Land
Das um nichts schlechter ist;
Zwar senkt sich schon die Sonne
Doch erreichen wir es noch vor Anbruch der Nacht.

Das ist das Land, das den Sinn eines jeden
Erfreut, der darin wandelt.
Kein anderes Geschlecht lebt dort
Als nur Mädchen und Frauen."

Fort sprang Condla in das Schiff
Aus Kristall. Fort von Land und Riff
Fährt es auf das Meer
Kein Auge folgt ihm mehr.

Seitdem ist er der Erd' entrückt
Von keines Menschen Aug erblickt
Bruder Art läuft Conne zu:
„Art der Einsame heißest du."[7]

6.6.1999, 7.6.1999

6.2 *BORN IN THE GDR*

Hoch preis ich euch
Mächte meiner Kindheit

---

[7] Es handelt sich hier nicht um meine Erfindung, sondern nur um eine Bearbeitung eines irischen Märchens.

FDJ und Pionierorganisation
„Ernst Thälmann", SED
Wo seid ihr, Scheiden tut weh
 WE´RE BORN IN THE GDR
 BORN IN THE GDR
 BORN IN THE GDR
Damals warst du ganz oben
Egon Krenz, Vorsitzender
der FDJ, dann endlich
Solltest du Recht und Freiheit bringen
König für zwölf Tage
Fort mit den Greisen, den volkseignen
 WE´RE BORN IN THE GDR
 BORN IN THE GDR
 BORN IN THE GDR
Gelacht haben wir über
dein dummes Gesicht
die runden Backen
Die blauen Ringe der Augen
Wovon? Magst Bier?
Besser wolltest du's machen
für uns und wir
haben gelacht
 WIR SIND DIE FANS
 VON EGON KRENZ
 WIR SIND DIE FANS
 VON EGON KRENZ
Kennst du ihn
den Reime Meister
Thomas D heißt er
Was hätt'st du zu ihm gesagt
Egon Krenz? Ins FDJ Hemd mit ihm
ins blaue, ein Hoch auf die SED
 WIR SIND DIE FANS

VON EGON KRENZ
WIR SIND DIE FANS
VON EGON KRENZ
Doch in der BRD kam alles anders
Thomas D ein Star
du musst arbeiten geh'n, Egon.
Ohne SED, ich hoffe du verdienst
nicht schlecht
denn sonst die Welt wär' ungerecht
    WIR SIND DIE FANS
    VON EGON KRENZ
    WIR SIND DIE FANS
    VON EGON KRENZ
Doch nun zu Thomas zurück:
Um die Mitwelt zu erbauen
doch vor allem seine Frauen
trägt er neuen Silberschmuck
dort in seiner Hose: Guck
an seines Edelstabes Spitze prangt
wonach den Biedermann verlangt
Von der BRAVO propagiert
zeigen wir uns informiert
    DU MACHST UNS NEIDISCH
    THOMAS, DU MACHST UNS
WIRKLICH NEIDISCH
    WIR MÖCHTEN AUCH NEN RING
NEN RING
    IN DER VORHAUT IN DER
VORHAUT DRIN
Egon muss den Kopf nun schütteln
an bürgerlichem Anstand ist nicht rütteln
Wer mit soviel Frauen pennt
Der Westen der ist dekadent
Was würde meine Frau mir sagen

Tät mein Penis so 'nen Ring auch tragen
Da sag ich: Egon probier's!
    WE´RE BORN IN THE GDR
    BORN IN THE GDR
    BORN IN THE GDR

(ca. 23.6.1999, verbessert am 3.7.1999)

7   Anderswelt

7.1   *Prometheus -*

Prometheus -
uns formtest Du
gabst uns das Feuer
halfst uns wider der Götter Zorn
doch nun
pack deine Werkzeuge
ein und geh -
wir kennen das Leben
Maschinen, uns zu helfen, bauen wir selbst
die Magnetbahn zurück
ins Paradies ist in Arbeit
die Genforschung besiegt den Krebs

Das Feuer brennt auch ohne Dich
der Mensch regiert sich selbst
- Du siehst, wir brauchen dich
nicht mehr
also geh!

Höre:

Uns packt nicht etwa Hochmut
bloß mach Dich nicht unentbehrlich.

7.2 QUEST FOR PARADISE

Oh Paradies wo bist Du
Sehnsucht nach Dir schwellt
meine Brust - dringend
brauch ich Dich !

Früher wussten die Leute
es ist nicht weit
hinterm nächsten Hügel
liegst Du
doch heute wo
hinter jeden Hügel schon geschaut ist
wissen wir
- man erzählt es uns täglich - :
auf Erden ist kein Paradies!

Und gäbe es
noch unbekannte Täler auf Erden
wir wissen:
auch dort liegt's nicht!

Und doch:
in meinem Kopf bist Du erbaut
Sehnsucht exakt wie eine Bauzeichnung
DAS IST DER RIß DER REALITÄTEN
UNIVERSUM EXAKT UND EMOTIONAL

Ich leb mehr in dem zweiten
ZIEL DER SEHNSUCHT ich weiß

gäb's Dich nicht wär ich schon tot
also gibt's Dich - ganz real
SO GIBT'S DAS PARADIES IN MIR
DU BIST SCHON DA!

7.3 Ach Worte

Ach Worte
dorthin könnt ihr nicht reichen.
Jenseits der Namen
beginnt ein Land
da Erschautes schon lebt
jeder Gedanke erfüllt

Im Tanztempel
geraubt
der siebzehnjährigen Feen
berauschende Luft
dampfende Wärme und
bebende Wellen

Draußen die Klarheit
der Luft
Ich reite mein Bike
heim durch die
Schwärze voll Licht
der regengewaschnen
Stadt ohne Menschen.

(13.5.1999)

7.4 Holz

Einöde. Mondlandschaft.
Der Sucher erscheint.
Sonne, was brennst du so?
Die Wässer, die hier flossen,
hinterließen nur Gräben.
Bald verdorrt das Gestrüpp.

Tiefer und tiefer steigt
der Sucher hinab
wo Bagger einst gruben.

Doch der Stoff
der die Wohnung heizt
war Leben einst.

Die ungeborgne Kohle
aussehend wie Dreck
verströmt den Duft
schmutziger Keller.

Der Sucher findet
Stücke versteinerten Holzes.
Offen das Loch der Zeiten
Der Stamm des Baumes
gewachsen vor 60 Millionen
Jahren, tanzt in seiner Hand.

Der Schrei eines Glücklichen
hallt in der Tiefe.

8 Fragmente eines Dramas

8.1 Rationalität ist kein Fortschritt

Rationalität ist kein Fortschritt
Sondern ertöten der einen Hälfte
Unsre Hälfte, unentbehrlich
Für Gleichgewicht und Harmonie

Traum und Schlaf, du holdes Band
Warum nur, warum, von vielen verkannt?
Kommt Schatten, Orte der Sehnsucht
Damit ich gedeihen kann
Komm, o komm, Göttin der Nacht
Mondschein, Rauschen im Hain
Wird uns gebracht.
Sternlein, Sternlein, ich seh euch an
Wie hat euer Anblick mir wohlgetan.
Mit Sturmesritt
Komm ich heran
Bitte bitte nimm mich an
Wald und Berge ihr Glieder mein
Blätter rauschen, beweg ich mich fein.
Bin ich ein Vogel flieg ich dahin
Fern in die Ferne steht mir mein Sinn

Mit meinem Gezwitscher
In eure Brust
Zaubre ich Schauer
Von Leiden und Lust.
Beengte Brust, sei nicht bang
Heiter macht euch mein Gesang

8.2 Oh Natur an deinem Busen

Oh Natur an deinem Busen
Fühl ich frisch erneutes Leben
Es strömt in meine Glieder mit neuer Kraft.

Wissenschaft, die Fackel, bringt Licht
Wirtschaft, Wohlstand müssen wachsen
Fabriken, Maschinen, Industrie
- des Menschen höchstes Gut?
Glück für alle – so?
Doch dies ist der Kurs.
Das Tempo nimmt zu.
Wer schaut nach vorn?
Wer lenkt und bremst?
Das Schiff gestartet
Vor 500 Jahren
Der Kurs, berechnet nach Karten
Von damals, verloren heut.
Keiner am Steuer, das Segel geschwellt
Wer nimmt das Steuer, damit's Schiff nicht zerschellt?

Wirtschaft, Wissenschaft, Mathematik
Das ist der alte Kurs ohne Augen.
Politiker preisen's allenthalben
Als höchstes Ziel von Uni und Schule.
Zum andern heißt es allgemein:
Unwissenschaftlich, Aberglauben, alt.
Doch der Moloch ist blind
Die Abgründe sichtbar,
Erhöhn die Schiffer das Tempo.

Tot ist die Wissenschaft, Bürokratie.
Leben steckt im Künstler. Er ist ein Kind
Er ahnet die Welt und fühlt sie.
Er spielt sie nach mit ganzem Wesen,
so, wie die Natur sich nicht teilt.
→ Sind solche nicht gleich einem Vagabund,
kann man Vertrauen denen schenken?
→ Sie zeichnen die Karten
die Poeten, Denker, Philosophen

Man wird, worüber man redet, sich beschäftigt
Stoff erzählen wirkungslos, nur Beispiel, Vorbild
Über sich selbst reden,
Außenwelt Teil von uns

Der Pöbel sagt: Ihr Spinner
Zu neu sind stattdessen die Karten
Und erst nach Jahrhunderten
Glaubt Pöbel die Karte die Welt.
Mit fremden Augen blickt die Masse.
Die Dichter und Denker
Die Augen der Zukunft
Vom trägen Auge der Masse
Unerkannt, verkannt.
Doch der Dichter kennt sich
   Und seine Mission.
Hält nicht der Wissenschaftler
Augen und Ohren zu
Beschränkt seine Sinne
Will nur sehen was er will?

8.3 *Natur*

Eins durch tausend
Tausend durch eins
Eines durch hundert
Hundert durch eins
Steh ich vor Dir bin ich ganz Deins.
Ach wie häng ich an Deiner Brust
Dass Du mir das Leben erläutern musst.
Seh ich vor Dir die Wissenschaftsscharen
Vor Dir mit schändlichem, kleinem Gebaren.
Dich, Mutter, woll'n sie bekehren
Mit ihren Genmanipu-Lehren.
Verbessern wollen sie Dich gar
Rutscht Dir die Hand aus, sind sie klar.
Wüssten sie, wie groß Du bist
Sie liefen voll Angst, doch sie wissen's nicht.
Ich bin ein Teil von Dir, so soll es sein
Mein Leben und alles ist ganz Dein.

8.4 *Eva*

Eva heißt die Zelle, die in dem Meere schwamm
Wo vor Jahrmillionen alles Leben begann.
Durch Wabern, Brodeln, Blitzen
Musst' sie der Zufall erschwitzen.
So höre ich oft schwatzen.
Doch was aus totem Dreck und Schlamm
Die Mutter alles Lebendigen gemacht
Wer hätte schon darüber nachgedacht?
Der Hauch des Lebens, oh göttlicher Funke
Du Wunder für alle Zeiten.
Du Urahnin, erster Schimmer
Schon ein Wunder, für heute, für immer

Tot bleibt tot, Leben bleibt Leben.

Hochkomplexes Wunderding
Nimm meine ehrfürcht'ge Bewunderung hin.

8.5 *Intuitiv, schauendes, empfangendes*

Intuitiv, schauendes, empfangendes,
weiches, gebendes Wesen, wird ergriffen
schwärmt von großen Möglichkeiten
der zweiten Realität
zweite Hälfte zu zerbrochenem Stein
der Realität

9 Samsara

9.1 *„Wer bin ich?"*

„Wer bin ich?"
Diese Frage beschäftigte ihn.
Zu seinem Erschrecken wusste er
Keine Antwort darauf.

Der Stift fiel zu Boden.
Wer war er?
Plötzlich war sie da, die Frage.
Antwort, Antwort – Leere?

Etwas fiel zu Boden und zersprang.
Ohne Antwort war die Frage geblieben.
Sie hatte sich festgesetzt in seinem Kopf:

„Wer bin ich?"
Und er wusste keine Antwort darauf.
Entsetzen packte ihn.
Ja, er studierte in einer großen Stadt. Er hatte
einen Namen,
einen Geburtstag, Eltern.
Vorlesung, Seminar – die Woche über,
gelegentlich Studentenparties, am Wochenende
fuhr er zurück in den Heimatort, zu den Eltern
ins Gebirge, dort traf er sich mit Schul-
kameraden in der Kneipe, in der Disco.
War er das? Was daran war er?
Ihm schwanden die Sinne.
Bewusstlos lag er in seinem Zimmer des
Studentenwohnheims,
noch aus der DDR-Zeit, nun saniert.

9.2 Klinge meine Trauerhöhle

Klinge meine Trauerhöhle
Klinge voll von Schall

9.3 Der Mensch soll nicht leiden -

Nietzsche erkannte:
leben heißt leiden -
dieses Ziel wegen Dekadenz
aufzugeben -
gelang auch ihm nicht
ES GIBT KEIN ZURÜCK

9.4 Ich muss nicht mehr beweisen

Ich muss nicht mehr beweisen
Dass Gott mit mir ist
Durch Wohlstand hier auf Erden
Zeig ich, wer mit mir ist.

9.5 Der Wagen der Kultur

Der Wagen der Kultur
rattert heran
rasselt laut, Staub fliegt
fern herauf

Den Lenker kenn ich
doch er mich nicht

Er sieht nicht das Rad
näher und näher
rattern die Räder

Da --
- ich blind -

Nun kann ich mich
von außen sehn
Der Leichnam zerfetzt
mit Blut besprüht

Bald das Gewürm
zum festlichen Mahl
marschiert in der Brust

Die Landschaft liegt ruhig
weil sie den Toten nicht sieht
Doch täglich erneut
rattert der Wagen heran
und fährt ihn flacher

Denn die Zeit heilt keine Wunden
ohne Blut

9.6 *Sternenstaub*

Leerer Raum
ohne Baum
ist das Weltall
überall

Zentren von Energie
strahlen wie nie
Teilchen ins Weite fort

Astral-Flitter

Universum -
Du überriesiger Tempel des Todes

totes Sein
unbegreiflich weit

Eiseskälte

Vakuum

Harmonie
Planetenbahn
Sonnenstrahl
Heißschmelze

Dschordi, Spock und Beverly
und die ganze Star-Treck-Crew
hören dem Gesange zu
Er springt von Stern zu Sterne dann
hört die großen Harmonien an

Mächte der Zerstörung

(bis November 1998)

9.7 Tod auf der Landstraße

Schweben, Leere, freier Raum
Bewusstlos, frei und ohne Sinn
Katastrophen, Schüsse, Explosionen
krawallen heischend hier und da.

Ein rundes Steinchen, klein und fein,
taumelt um ein Feuerlein.
Es dreht sich nicht seit gestern erst,
auch fällt es niemals runter.

Niemand weiß, wann es begann
Vielleicht wird's immer bleiben.
Ein bisschen Staub auf jenem Klumpen,

begann zu wirbeln und zu tanzen,
regte und bewegte sich.

(September/Oktober 1997)

9.8 Grüne Haut, Gesicht der Erde

Grüne Haut, Gesicht der Erde
Geliebtes Heim ein jeder Kreatur,
zerschnitten arg und hart zerschändet
Offne Wunden, graue Schnitte, unverheilt.

Messer werden täglich frisch geschliffen.

Metallne Kapseln schießen hin und wider
Ruhelos, geschlossnen Auges, ortswechselnde
Spitze der Evolution darinnen versperrt.
Problemlösekapazitäten mit Bewusstsein
philosophisch freiem Willen, verschnürt in
Notwendigkeiten, Terminen und Vergnügen,
Erholung.

Die Sonne scheint, Ritter der Landstraße mit
Rädern.

Jährliches Maximum der Sonneneinstrahlung
Ein Fest der belebten Materie, wie verschieden
geformt.
Graues Asphaltband und Rotatoren der Kapseln
berühren einander.
Innige Küsse von Gummi und Teer.
Katze verharrt auf grauer Wunde,
der tödliche Kuss schießt heran.

Rot zerplatzt Hindernis jener Leidenschaft,
Ledersack, gefüllt mit Knochen und Fleisch,
Gallert und Blut.
Entseelte Materie taumelt und zuckt,
nach Minuten enden elektrische
Muskelstimulationen.

Verschmutzungen beseitigen sich selbsttätig.
Nach ein paar Erdumdrehungen und zahlreichen
Asphaltküssen
ein millimeterdünner unsichtbarer Fleck.
Kreatur aller Sorte, Kuss für Kuss, wer
kann sie zählen.
Nicht fett wird Knochenmann von den Bergen
von Beute
auf grauen Wunden der Erde.
Auch küssen verpackte Evolutionsspitzen mit
Bewusstsein
unverpackte Evolutionsspitzen.

- Welch wahnsinnige Geschichte, und
unverständlich

(September/Oktober 1997)

9.9 Autos

Du fährst Igel
Er fährt Katzen
Sie fährt Rehe
Sie fahren Füchse
Ihr fahrt Hühner
Wir fahren Tiere

Du fährst deinen Nachbar
Er fährt einen Menschen
Sie fährt jemand andres
Alkohol fährt ihn
Autos fahren Betrunkene
Jeder fährt jeden

Autos fahren Fahrradfahrer
Er fährt sie
Sie fährt ihn
Menschen fahren andere Menschen
Sie transportieren andere in den
Wir fahren uns

TOT

und?

(September/Oktober 1997)

9.10 Kunst hungert

Kunst hungert
nach Menschen und Leben
und Blut

9.11 Paradies

Wir bomben uns zurück
ins Paradies

9.12 Ambitionen und Depressionen

Ich komme von ganz unten.
Ich finde nicht aus Deinem Labyrinth.
Je mehr ich über Dich nachdenke,
    desto weniger erkenne ich Dich.
Du sollst Gott nicht versuchen.

Der eine Wahn ist vorüber,
    ein neuer kommt.
Im Stadtviertel weniger Leute,
    abgelebte Leben spüre ich.
Wo kommt das neue Jahrtausend?

9.13 Aquarell

Grausamerer Tage Vorschein.
Gelbgrüner Seelenschleim flirrt obszön.
Müllkaskaden türmen Ruinen höher hinaus, blind
Noch fürs offenbare, Mond, rot gefärbt, singt
Dem Geschöpf ohne Wiederkehr.
Durch die Nacht dringt, ungesehen,
Zufriedenheit.
Zerstörer träumen, doch der Knochen kann nicht mehr.
Stadt der Ängste und Dünste, Leidenschaften
Kochen Milch schwarz.
Willst Du Verstiegenheit, dann lösche
Die Entfernung, oh erflehte, oh Hühnerbrust.
Wie lang noch

Grausamer Weltsinn, Augenhöhle,

voll verhießenen Nutellas, fern Konfitüre auch,
denn Dualität exzerpiert namenlos, Gefilde
da Messers Schärfe in violett und orange
triumphiert.
Ferne Parabel, nie kamst Du, die Staub hustende
Nähe,
verhießene, Tümpel, mit Rostschrott, und
Flaschenhälsen,
Du ferne Aufblaspuppe, hüpftest,
exorbitante Melancholie des Äons, im Beton.
Das Relief der Hure aus Babylon, doch
verschränkt
dreht sich der Fluss um sich selbst.

Scheel stakt Quellfisch.
Aus Mundöffnung rote Grütze.
Oh Dir! Höchstes Wildschwein!
Steißböcke gelben Sternenlaub an.
Oh samtgelbe Absinthtrinkerin

(27.10.2000 Neumond)

10 Zugabe

10.1 *Gladiator rising*

Idee und deutscher Text von Sebastian "Baldur" Weiss
Übersetzung ins Englische von Daniel Arzt
Verfasst zweite Hälfte von 2014

1. Strophe

You are slaves of the old world
You are fighting till you are killed
Fight on again again again …
Blood is your honour
Your weapons are from steel
You don't know pain and forgiving
The … of the arena are you
Your motto is till death and on and on and on

You are Gladiator.

Refrain

Fight! Gladiator fight!
Gladiator fight for honour and glory!
Fight for blood and honory
    The victory is ours!
Gladiator fight – fight …

2. Strophe

Your world is the arena
Till blood you give your life to your lord
Every beat makes you stronger
Every enemy you fight makes you more famous
You are fighting against beasts from strange countries
The people loves you / the enemy hates you
You are the legend of the arena!

Refrain

Fight! Gladiator fight!
Gladiator fight for honour and glory!
Fight for blood and honory
    The victory is ours!
Gladiator fight – fight …

3. Strophe

The end is coming
The fight is over
You are travalling to Walhalla …!
The reason is you want to eat with Odin!
Your death is near
You hope for forgiveness from the audience
They want to see you die
You are dying for glory!
You are so high / You are the legend
You are travelling to Walhalla
Bye Bye Gladiator …
You die for honour and glory …

Refrain

Fight! Gladiator fight!
Gladiator fight for honour and glory!
Fight for blood and honory
     The victory is ours!
Gladiator fight – fight …

© 2013 Daniel Arzt, 04129 Leipzig

MIX
Papier aus verantwortungsvollen Quellen
Paper from responsible sources
FSC® C105338